JN411163

해에게 물어보았다

초판 발행 2013년 5월 30일

지은이 장정자
펴낸이 안창현 펴낸곳 코드미디어
북 디자인 Micky Ahn 편집디자인 김도경 교정 교열 표수재

등록 2001년 3월 7일 등록번호 제 25100-2001-5호
주소 서울시 은평구 갈현1동 419-19 1층
전화 02-6326-1402 팩스 02-388-1302 전자우편 codmedia@codmedia.com

ISBN 978-89-94178-66-0 03810

정가 10,000원

이 책은 성남시 문예진흥기금 지원금으로 출간하였습니다.

해에게 물어보았다

자운 시집

시인의

뭉게구름
겹겹이 쌓인 속
무슨 사思 그리 많아
너울구름 타고 그 속 따라 오른다

타는 여름날 목마름에 허덕이는
대지를 적시고자 몸 살라 내리고
비탈진 바윗길 감아 돌아
뾰족뾰족 별들 다독여 달래주고
해 등진 산새 들새 안아 잠재우는
구름 마음 담고파서 꽃구름 되고파서

산 너머 저 산 너머
거기 어디인가

2013년 오월에 자운 장정자

contents

01

앉아 있는 여자

02

그냥 바람이었나

contents

03

기막힌 해후

04

목련구름

contents

05

단 한순간도

01
앉아 있는 여자

촛불

하이얀 속옷 발등 감추고
살랑이는 바람에도 아랑곳 않아
꽃잎 하나 곱게 피워
소원 빌고 있는 그대

가녀린 떨림에도 흔들리는 마음
평좌하고 고정하여
숨소리마저 질식하는
그대의 고요 속으로 거닐고 있다

가다가, 가시밭 돌부리에 걸리면
노도 같은 호통으로 검붉게 몸 살라
출출 흐르는 눈물, 심장 한 모롱이에
웅크리고 있는 티끌마저 말끔히 씻어낸다

속살 다 태워 내민 동그라미
마지막 남은 한 점
그대 같이 살고파
합장하고 비는 마음

예지의 빛

아직은 싸늘한 밤바람
성급히, 한더위 머리에 이고
누우렇게 늘어져 누운 꽃잎
가여운 목련이라고
바람아- 말하지 마라

백색의 순결 단아한 자태
밤새 벗어버린 아쉬움에
고개 돌려 외면한 길손
녹색 여름 잘그시 밟고서야
미美의 독백, 자아로 녹아든다

허접한 갈색 베적삼
구겨진 깃 아래
오롯이 숨겨진 오뉴월 짓줄
시얼에 몸 사르는 갸륵한 의지
예지의 빛 목련이여!

먼동

살며시 꿈길로 내려와
어둠 깔린 창을 두드린다
나는 아직도 깊은 잠에 싸여
간밤에 내려진 커튼을 올릴 수 없어라

꿈길을 열어가는 아이맥스
새벽길 끝없이 이어지는 로드무비
아방가르드의 낯선 여정을
떨칠 수 없음이여

내게로 다가온 너
저 두터운 커튼을 밀어주렴
나는 혼미한 걸음일지라도
손 길게 뻗어
엷은 하늘 빛 드리울게

꿈길이 나를 포옹하고 마냥 서성이게 해도
햇살 바람 하늘거리는 주렴
나를 끌어 너울너울 춤추게 하면
깊숙이 묻힌 나의 창을 활짝 열고
너를 맞이하련다

인생

먼 바다로 새까만 통통배 하나 떠난다
하늘인지 물인지 끝이 시작이라
희미한 불빛 뒤로하고 통통 통통 멀어진다
쉼 없이 몰아치는 흑백의 용트림
아직은 곤히 잠들어 있다
검은 휘장 두르고도 재잘대며 노니는
별들이 있어 외롭지 않아
통통 통통 통통 ----

바다의 여신女神
잠자리 나래 같은 비단으로 별들 잠재우고
어둠 살라먹고 잉태한 빨알간 불덩이 하나
소금기 오른 뽀오얀 뱃전에 훌쩍 올려놓고
만삭되어 조심스레 산기를 기다린다
통통 통통 돌아오는 배

어미새

뽀오얀 가지 위에
동그마니 둥지 안고 홀로
늦가을 햇살 속에 세상 부른다
황금 들판 이루려는 농부의 바쁜 걸음
어미새 후두둑 따라 난다

점점이時 따라가는 달月과 해歲

하루는 훌-쩍,
저물어 가는 외딴길

앙상한 가지에 걸려 있는 검붉은 열매
콕콕 쪼아 먹이려다 찢겨진 부리
삭혀지지 않는 붉은 덩어리
삼켜버린 시커먼 산등성이

하도 서러워 키악키악 토해낸 하염
늘어진 긴 나래 찬서리에 내려놓고
푹푹한 흙내음에 얼굴 묻는다

빈 가지 둥지 밑에 어둠 깔리고
새날이 밝으면
잔새 높-이 날으리

보름달 닮은 얼굴

청조 날으는 푸른 들녘
아해 손 잡고 거닐면
아득한 옛 얘기 솟구쳐
들녘 붉게 물든다

서러움은 안으로 흘리고
그리움은 부둥켜 안으리
할애비 얼굴 노을에 지면
두둥실 오르는 보름달
할애비 닮아 반갑구나

서러워도 못내 웃음 짓던
계수나무 꿈꾸던 할애비 얼굴
청조 날아간 먼 하늘가
환-한 보름달
떠오른다

동그란 벽

나를 에워싼 동그란 벽
한켠에 소박한 창 하나 있다면
남은 벽은
하-얀 빛으로 드리우고 싶다

노오랑 보면 노랗게 물들어
포근한 마음
낯익은 졸음에 빠져들고
분홍빛 보면 연분홍 그려놓고
상기된 두 볼
꿈틀꿈틀 기지개 켠다
저, 가없는 하늘빛이 좋아서
푸르게 물들이고
부푼 가슴으로 창공을 날으련다

어쩌면 하얀 벽은 무한한 상상想像
자연의 온갖 색과 소리 스며들어
싱그럽게 두드리는 한 생명
동그란 벽을 마주하고서
벅찬 미래를 꿈꾼다

숨길 열리는 어머니 태반 같이……

자화상

동방의 작고 아름다운 나라
해 오르는 그곳
팔공산 정기 받고
낙동강 젖줄 흐르는 마을에
무지개 타고 온 소녀

갇혀진 그 이름 달래며
다소곳이 살라던 여인의 삶
땋은 머리 삭둑 잘라 버리고
서양 머리 나풀나풀 나비춤 추며
한양 길에 덥석 올라서도
속속들이 숨어있던 외곬박이 인생

참한 사랑 마주하고
꿈나무 토닥토닥 백년대계 이뤄
어언 인생 가을 문턱에 서서 보니
외곬 인생 그 속에
깊숙이 묻힌 소중한 유산
'인간 도리 짊고 살라'는 가르침
자손만대 되새기려 하늘 우러른다

별똥별

캄캄한 하늘
내려 긋는 은빛 화살
누구의 절박한 소원이기에
세상 눈길 외면하고 도망치느뇨

단발머리 까아만 눈동자 밤하늘 우러러
전설 속의 별똥별 찾아 헤매다가
검은 머리 반백 되어
숙여진 머리

묻어둔 밀어 정수리에 모으고
그 화살 내 마음에 꽂힐 날
불씨 하나 오직 하나
꺼질 줄 모르고 타고 있다

나는 여기에

가을 타고 가는 고향길
하늘 이고 있는 먼-산
강 건너 황금들
누가 부르듯 쏜살같이 달아나고
가을 나들이 훼방꾼 안개가
소리 없이 차창을 넘긴다

서둘러 머문 고향역
드문드문 낯익은 옛집들
아직도 머언 뒤안길에 앉아
반가이 맞이하며 웃는 골목길
밀렸던 그리움 물씬
콧노래 절로 난다

나는 살리라, 여기에
어린 아이 되어 가벼운 걸음으로
흩어진 친구들 불러 모아
봄 여름 가을 겨울 세며 가는 길
엄마 품 속 같은 달구벌에
돌아와 내 마음 내려놓고

흘렸던 눈물 닦아 주는
내 고향 살리라, 나는 여기에

백자의 노래

빛바랜 백자의 그림움은
님께서 내려주신 보련인가요

님의 얼굴 그리면
텅-빈 마음

천 년 만 년 살리라고
애-써 가꾸어 온
백색의 빗나간 선율

희뿌연 빈 공간을 채울까
한 줄기 선線이라도
그어 보고픈 소망

다- 버리라 하심을
이제사 알 것 같소

해바라기야

부처님 후광처럼 웃는- 빙그레
노오란 황금머리 해맑은 얼굴로
오가는 이, 마음을 반겨주더니
밤새 찬바람에 고개 숙이고
높다란 어깨가 머리 위에 올랐구나

가을볕 따가워도 녹지 않는 시時의 흐름
하도 아쉬워 동여맨 시時의 추錘
잡아도 잡히지 않는 순간 순간들
흐름에 잠들고 흔들림에 깨어나는
너와 나

해바라기야
찬란한 황금빛
그 날이 오면
구릿빛 심상의 고마움을
알게 될 거야

비움

눈 감으면 떠오르는 해맑은 얼굴
바다 같이 넓고 숲속 같이 고요한
그 품에 안길까

눈 뜨면 지고 마는 모습
현란한 색色의 눈부심 때문일까
휘몰아치는 모래바람 때문인가
눈이 시려도
쉽사리 감겨지지 않는 눈꺼풀

얽힌 실오라기 같은 무명無明의 덩어리
어떻게 사를까 살라버릴까
밤이 새도록 합장하고서……

낮잠

날이 너무 지쳐
눈가 주렴 내리고
잠을 초대한다

그 녀석 품에 안기지 않고
마냥 서성이다가
검은 스크린을 펼치더니
잡다한 토막 연설 띄운다
앞뒤도 없이 제철 아닌
푸성귀 상자만 쏟아 놓는다

쿵쾅쿵쾅 계단 오르는 소리 누구일까
토닥토닥 발 구르는 어미 따르는 어린 발자욱
재잘재잘 아이들의 정겨운 목소리
멀어져 가고

심장의 붉은 울림
분침은 초침으로 줄달음하고
들릴 듯 혼미한 지 부름
갈 길 바쁜 초여름 바람이
문안 차 잠시 다녀갔다 하더라

앉아 있는 여자

온종일 가만히 앉아 있는 여자
먹지도 않고
잠들지도 않고
숨소리마저 삼켜버렸나
우두커니---

검은 그림자 휙 날아
그녀의 희석된 머리칼을
잽싸게 낚아채고
무릎 위 얄팍한 옷자락에
매달려, 언 가슴 통곡한다

단전에서 정수리까지
산산이 부서져
싸릿대보다 더 까칠한 냉가슴
차오르는 버거운 물거품이
그녀의 목젖 아래 다다를 때
살아 있음을 간신히 엿볼 수 있는
입술의 가녀린 떨림
미명未明의 질긴 빛의 줄기가

피안彼岸을 향해 가로지르고 있다

그 안에 그것이 무엇이기에
온종일 가만히 앉아 있는 여자

울음

Ⅰ

선잠 깬 꽃봉오리 터지는 소리
허공 저어서 꽃이불 날려
아롱진 눈망울
어미 젖가슴 부르는
해맑은 울음

Ⅱ

달무리 지는 언덕
돌무지 쌓는 아비
먹구름, 찌든 삶의 무덤가
말라버린 웅덩이에
묻힌 목 길게 뽑아
하늘 우러른 외마디 부름

Ⅲ

주름진 가슴 안고 헤진 마음 쓸어
참회의 눈물로 주렴 드리우고
돌아앉은 돌부처 돌아보실까
아기의 울음보다 더 진솔하게
하염없이 하염없이 흐르는 눈물

그, 내 곁에 있으면

초저녁 나들이한 수줍은 반달
그, 내 곁에 걸으면
둥근달 슬픔으로
반 얼굴 감추진 않았겠지요

소슬바람에 내려앉은 검은 밤
그, 내 곁에 잠들면
새벽 살쾡이 울음소리에도
포근히 잠들 수 있었겠지요

고개 숙인 갈대밭
그, 내 곁에 자리하면
흰머리 올곧게 세며 가는 길
이렇게도 서럽진 않았을 게요

그, 지금 어디에
벗들이 웃음 지을 화창한 봄날
그, 내 곁에 손 잡으면
서둘러 발걸음 재촉할 텐데
여느 때처럼

당신은 누구시길래

안개 자욱한 숲 속
희미한 달빛마저 잠식하고
동화 속 깊은 골짜기 헤매는 나를
따라 오라시는 당신은 누구시길래

온기 가신
허탈한 무덤 앞에서
길고 그 무덥던 날들을
훌훌 벗어버리고서
단 한 번 뿌리침도 없이
당신을 따라 나서려 합니다

뽕잎 갉아먹던 애벌레는
긴 명주실 토해놓고 나방으로 날아가고
밤하늘 삼키는 저 달은 울다 지쳐
한 조각 실눈만 남았구려

토라진 가슴 안고
정갈하게 꼬옥 닫아 두었던 문 박차고
보이지 않는, 이름조차 잊혀가는 당신을
어찌 그리도 쉽게 따라나서려 합니다

발자욱 그림자조차 흘리지 않는
당신은 누구시길래

소낙비

여름날
우르르 소나기 지나더니
나의 작은 웅덩이에
해맑은 하늘 열리고
면화 구름 하나
하얀 조각배
한가롭다

간간이
짓궂은 산들바람
물결 도려 놓은 눈가 주름
숲의 지저귐은
녹색의 나를 업고 간다

오늘 같이 숨 막히는 날
한줄기 소낙비가
남겨놓고 간
고개 숙인 물밑 하늘
거기, 잠시 얼굴 담그면
더위 가신 마음 한 조각

호젓이 노 저어 간다

여름날 소낙비는……

시인의 가을

Ⅰ

성큼 추워진 아침 나들이
다정스레 쥐어주던 그 목도리
아직은 젊은 양 팽개쳤더니
얇은 깃 속으로 움츠러든다

할머니 추워요……
바람이 '휘익' 비웃고 스치더니
낙엽이 '까르르' 웃으며 지나간다

Ⅱ

가을비 올올이 내려와
시를 엮어 목에 걸면
시인의 가슴에
젖은 잎새

02
그냥 바람이었나

그냥 바람이었나

청보리 결따라 흐르듯
어깨 내밀어 기대라 하고
외귀 맴돌다 잠들게 하는 너는
미풍이었나

돌개바람 회오리 쳐
뙤약볕 모래알 쓸고
작은 가슴에 소용돌이 치는 너는
열풍이었나

황소울음으로
잠식하는 검푸른 파도
조각조각 부서지는 백색 서러움
비 갠 날 햇살 꿈꾸는 너는
폭풍이었나

어느 가을날,
허공에 졸고 있는 들국화
하늘하늘 스쳐 가고 만
흔적조차 없는

이름 모를 너

그냥, 바람이었다

꽃샘추위

바람이 휘익
잽싸게 치맛자락 끌어
아직도 얼어붙은 겨울 강으로 간다

너는 아느냐
저 깊이 파인 분노의 강
지난 겨울 억세게 춥던 동사凍死의 날들을

견디다 견디다 응고된 눈물
하늘과 땅을 가로 질러
뒤엉긴 실뱀같이, 질식한 대지

봄은 어김없이 찾아와
푸른 신호등을 재촉하지만
시커먼 눈 사위 흉물처럼 봄을 붉힌다

매서운 바람이
좀처럼 녹지 않는 강가에서
대양을 향해 몸부림치는 새벽을 흔든다

샛노랗게

길섶의 샛노란 동그라미
점점이 방긋 웃고 있다
아직은 이른 봄볕인데
노오랗게 방실방실 웃고 있다
세상 근심 모르는 네가 부러워
고개 숙여 눈빛으로 물어보니
살래살래 저으며 웃고 있다

겨우내 모진 시름 다- 지나도
변덕 날씨 온갖 고초 이겨낸 결실
저렇게도 샛노랗게 웃고 있나봐

개나리 덤불 – 어느 봄날 탄천을 걷다가

노오란 숲속 개나리 덤불
옹기종기 뾰족뾰족 봄 하늘 별꽃
가냘픈 손 길게 드리우고
짝지은 꽃줄
하늘에서 갓 내려 온
별똥별인가
노오랑 마주하고 주저앉아
노오랑 별 숲에
꿈꾸는 아이

봄을 그리다

목련 뾰족이 내민 봉오리
서재 한 모퉁이 오래
외면당한 붓봉 닮아
여울져 뽀오얀 속살 드러내고
중봉으로 봄을 일필휘지一筆揮之 하려는가

난蘭 잎 피운 왕희지王羲之는 어디가고
어설픈 떨림에 때 묻은 화선지라
차라리,
여민 봉오리 솔솔 풀어
앞산에 홍紅물 흠뻑 적셔다가
화폭에 온통 깔아 놓고
못다핀 붓끝일랑
노랑이도 꾹꾹 찍어 모롱이를 그릴까

진달래 개나리 활짝 핀 봄동산에
무심한 나그네 등 붙이고 팔 벌리니
붓놀림에 지친 꽃잎
누렇게 뚝 뚝
나그네 속가슴에 내려앉는다
오, 가련한 나의 목련이여!

봄날

아지랑이 하늘하늘 봄날이라고
버들개지 흔들어 깨우시는구려
살랑이는 날갯짓 어린 봄바람
간간이 휘파람도 불어보시구려
저 언덕 할미꽃 수줍은 얼굴
봄볕에 은빛머리 뽐내시는구려

그래도 봄은

창 빗겨 봄볕 살포시 내려와
무거운 발걸음 재촉하는 봄나들이
봄을 지팡이로 저기 가는 아이 되어
찰칵찰칵 필름에 담아 본다

볕이 부끄러운 눈가 주름살
한 올 한 올 멀어가는 봄의 자락
그래도 아직 나의 봄은
젖빛 목련, 머리 위에 피어나고
하늘 드리운 연못에는
붉은 잉어 한 마리 봄을 노닌다

여정

연분홍 꽃잔디
상송을 휘감고
치맛자락 날리며
봄을 노닌다

그대는
끝없이 펼쳐진 꽃길
봄날의 풍선처럼
"어서 오라" 속삭인다

너와 나 사이에
하얀 빛이
쏟아져 내린다
천사의 미소처럼

슬픔은 봄날에 젖어
꿈속, 멀어져 간
안개꽃으로
잠들게 하고

꽃향기 가득한 고호의 정원
나비의 환상 속에서
참 아름다운 이 순간
천상의 길 걷고 있다

초여름

물안개
오르고
내리는
소리

분홍 댕기
노랑 치마
수줍은 버선발에
율동하는 송사리 떼

뾰족 내민
녹색 입술
옥구슬 구르듯
하늘 오르는 숲새

색동 장삼 벗어 놓고
이제 막
녹음에 멱 감으려
하는 골짜기

연꽃

그리움은
고요한 물가 아지랑이
저녁 노을 머금은 동그란 연못
산 너머 저 산 너머
바라만 보다가 눈물지는 연잎
수정 염주알 밤새 굴리다가
무념으로 피어난
하이얀 꽃망울

속삭이는 아침 햇살

오솔길 바암 내리는 소리
여기다 저기다 주섬주섬
어른 아이 모두 한 주머니 가득
다 줍고 가버린 빈 오솔길

하늘 보고 땅 보고 외로운 길
나그네 빈 주머니 세상 읽고 간다
길 따라 가노라면 밤 밭 끝자락
찬바람에 흐느끼는 갈잎

"가슴에 손 녹여 갈잎을 열어라
소복이 알밤 기다리고 있는 걸"
나직이 속삭이는 아침 햇살
부채살처럼 펼쳐진다

금강錦江을 지나다가

녹색 숲 짓이겨
금강 물 흘러라!

세모시 곱게 지어
도포자락 흩날리고
하늘 오르는 안개

이른 아침 햇살에
녹아내린 물비늘
육각형 눈꽃보다 더
상그랗게 눈이 시리다

푸르다가
푸르다가
따가운 가을볕에
익어가는 가을 숲
금강을 곱게 물들이고 있다

아름다워라

빠알간 잎 또르르
노오란 잎 마주하고
기염 토해낸 산 흘림

낯선 길손
타던 목마름 적시고
혼줄 놓고 바라본다

아름다워라!
삼라만상 모-두
멈춰버릴 이 순간

산노루 한 마리
해 비낀 노을에
붉게 탄다

가을인가 봐

달은 고요히 뜨고
숲은 한더위에 지쳐 곤히 잠든
해묵은 창가
홀연히 들려오는 풀벌레의 독백
가는 세월 못 잡는 회백색의 여인

쓰르르 쓰르르 자장가 삼아
엄마가 곱게 꿰매 놓은
명주 이불 꺼내 덮고
그 옛날 젖꼭지 입술에 그리며
포근-히 잠들고 싶은 밤

아- 가을인가 봐

들꽃

눈이 부신 하늘 숙여
발 아래 눈 그으면
한 점, 투명한 삶
한들한들 키 낮은 들꽃

자유로운 미소로
다소곳이
바람에 안겨
꽃자리 편다

부르는 이 없어도
저마다 이름하고
어우러져 꽃구름 이는
화안한 들판

사람 사람아

꽃대 없는 허울놀이
힘겨웁거든
들꽃이 되라
들꽃이 되라

그 가을

잎 다 벗어버린 알몸으로
빨-간 감 대롱대롱
열린 하늘길

감 익는 마을 지나
황금 들녘 가로질러
어-이 어-이

어미 잃은 슬픔 뿌려놓고
상여군의 구슬픈 노랫가락
귓전에서 멀어지고

잊은 듯 빛 고운 들녘에
풍년을 부르는 어미의 혼
희로애락 삭힌 가을 익어만 간다

겨울 장미

외딴길
철 잃은 한 송이 장미
어찌하여 홀로
겨울을 지키려 하느냐
그 미모에
움츠린 숨결, 생기 돋게 하고도
신랄한 가시에
시린 상처, 떨고 있구나
붉디붉은 아림으로 멍든 자욱
울다가 길 잃은 애처로운 장미

봄은 어디에, 까아만 겨울
하지만
가시에 맺힌 수정 방울로
르노아르의 '행복한 장미'를 연주 하려마
맑고 고운 천상의 빛과 소리
은빛 햇살가루 쏟아질
봄의 한가운데서
상기된 너를 만나리라

가여운 겨울 장미여!

한겨울의 밤섬

한 길 얼음 깨부수고
터져라 소리쳐 울고파서
희뿌연 하늘 바라만 보다가
시린 아랫도리 얼음에 묻고
선웃음 짓고 있는 더벅머리 밤섬

물밑
이어진 어미 땅의 온기 받아
잔물고기 품어 잠재우고
길 잃은 철새 한기寒氣 풀어주며
붉어진 눈시울로 배웅한다

살점 도려낼
얼음띠 두르고도
풋풋한 둥지 짓고 있어
눈꽃도 쉬어가는
한겨울의 밤섬

하이얀 겨울

하이얀 꽃잎 물고
떠나고 싶어
가노라면 눈 덮인
하이얀 초가집
솔가지 활활 타는
밥 익는 내음
삽작문 열면
익은 발자욱
으스름 깔린 아랫목에
호롱불 하나
하이얀 겨울을
손짓한다

바람

바람 불어와 마른 가지 싹 틔우고
바람, 나비춤에 꽃봉오리 터지는 소리
바람 잠시 단잠 이룬 밤
앞마당 누렁이 달빛 수줍어 밤 지샌다

바람 멱감고 아침 해 오르면
징소리 멀리 하늘 퍼지고
흥겨운 장고춤 넘실대던 날
어메야 아베야 잔칫상 차려놓고
마을어귀 웃는 솟대 손님맞이 하더니……

봄 여름 가을 지나 겨울 바람 불어와
나그네 반겨주던 허리 굽은 솟대
찬바람에 삭은 하얀 머리 드리우고
먼 데 바라보며 옛 주인 그린다

뜨락 섬돌 밑 곰벌레
죽은 듯 세상 외면하고
앞마당 누렁이 앉았던 마른 풀섶에
앉은뱅이 꽃 하나
바람을 기다리고 있다

뽕잎 갉아먹던 애벌레는

긴 명주실 토해놓고 나방으로 날아가고

밤하늘 삼키는 저 달은 울다 지쳐

한 조각 실눈만 남았구려

〈당신은 누구시길래〉 중에서...

03
기막힌 해후

분화구 – 일본 여행지에서

끝없이 치솟는
욕심이라는 아이와
가난에 주린 배
끓어오른 분노라는 아이가
한 지붕 아래 살게 된 불운

욕심이 풍선처럼 부풀고
분노 치밀어 돋힌 가시
어둠 속 뒤엉켜 뒹굴다가
노도 같은 버얼건 용암 토해내고
산 정수리 삭둑 잘린 분화구

흉물스럽게 얼룩진 흔적
생명이라곤 한 점 붙일 수 없어
거어멓게 에이는 가슴
남은 불씨 희뿌연 한숨으로
애꿎은 하늘을 태우고 있다

햄프셔*의 작은 호숫가

하얀 달 띄운 작은 호숫가
어스름 드리운 송아지 울음소리
어미 불러 마른 목 적시려다
또 하나 닮은 눈, 물그림자
음매- 부르다가 고인 눈물인가

희뿌연 중천에 홀로 둥근 달
안쓰러워 달래다가 어리운 연정
여울져 퍼지는 작은 호숫가

* 햄프셔 : 영국 잉글랜드의 남해안에 있는 작은 마을

그리움

탐스러운 와인빛 포도송이
뽀오얀 분 바르고
웃고 있는 한 알이
바싹 마른 입안으로
쏘옥 들어온다

촉촉이 적셔지는
달콤한 향 가득
진한 포도주로 발효되어
퇴색되어 가는 혈관을
온통 붉게 물들인다

희뿌연 디종*의 하늘 열고
지는 잎 하나 둘
꿈길로 내려와
가슴 저미는 그리움으로
흩날린다

---

* 디종 : 프랑스 중동부 부르고뉴 지방의 중심 도시

슬픈 연시戀詩

해질 녘
금빛 모래알이
뽀오얀 발등을
쉴 새 없이 애무하는
좀처럼 식지 않는 열애

소금기 무거운 바람 한쪽
허리 굽은 해안을 방황하다가
잿빛 하늘로 날아간다

초점 잃고 흔들거리는 빛의 늪에서
싸늘한 파도가 밀려와
슬픈 연시를 쓴다

갈매기 떼 끼룩끼룩
노을에 타고
천지에, 검은 독수리
나래 펼친다

파도에 젖어 울고 있는 모래알

구름바위

이승과 저승 아득하여
가슴 치고 해 본 말씀
문명이기 어찌하고 전화라도 하련마는
무슨 업장 그리 쌓여 여울마저 멎었더라

이승은 어디던가
하답다워 먹은 마음
인간 세상 외면하신 토굴스님 될지라도
행여 하고 먼발치에 할미꽃 피었더라

저승은 어디런가
저-기 등 너머 이웃이라
넌지시 고개 들어 바라볼 제
눈물에 씻긴 가슴, 구름바위 되었더라

기막힌 해후

벼랑에 달랑 한 포기 풀꽃
어찌하여 방긋이 땅끝 보고 있나
돌개바람 모래 쓸어
새하얀 뿌리마저 놓쳐 버릴까
오르락 내리락 갈길 잃은
노랑나비 한 마리
먼 데 손 아스라이 잡지 못한 채
찢어진 나래
퍼드덕 퍼드덕 흐느낀다

초심

파르르
나래짓 하는 하얀 나비
거센 비바람에
떨고 있는 한숨 소리

발가벗긴 자갈길
덜컹이는 달구지
주축 잃은 바퀴 안고
쇠방울만 부산하다

온갖 풍상 견뎌 온 질긴 세월
속살 허옇게 쩌-억 드러내고
속절없이 누워버린 저 고목
하늘 나투어 숙연하다

어디선가,
빛살 같은 봄의 입김 휘돌아
흰 나래
가쁜 숨결 고른다

무념으로

빈 나무 하늘가, 이파리 하나
잎새 다 내려와 에이는 겨울 채비 오랜데
가지 끝자락에 실낱같은 고리 걸고
맺은 연緣 놓지 못해 바람개비
파르르 떨고 있다

진눈깨비 핥고 간 아린 혓바닥
뻥 뚫린 허공으로 후- 날려
무념으로
훠얼 훨 훠얼 훨
바람 멎는 그 곳에 고이 잠들라

아비의 혼

장마 지나 칠월 하순
불볕 아래 찜통더위
그대 이마 위에 검붉게 맺힌 땀방울은
타고 있는 목탄의 수액으로
시체보다 차가운 잿빛이다
죽음 앞에 더 강열한 의지로
까아만 눈망울들 가슴에 품고
이글거리는 쇳물
삼복의 도가니를 헤엄치고 있다
타다가 타다가
여름이 다 타서 남긴
하얀 결정체
천 년을 녹지 않을
아비의 혼
겨울 눈꽃보다 더 희다

청조青鳥

오래토록 꽉 잠긴 고리 따고
한 모금 한 모금 고개 넘어 가는 길
애 맑은 숨결인가
또 한 모금 꿀컥 삼킨 서러움
치밀어 오르는 불꽃 같은 해후
먼 데 사람 그려본다

지극한 사랑으로 빚은 맛과 멋
고스란히 남겨 놓고
어찌하여 바람결에 꽃잎처럼 가시었나

세상 인심 다 삭아, 부어 넘친 술잔
주욱 들이키는 기막힌 청조
나래 펴다가 찢어진 깃 술잔에 적시고
무채無彩 속으로
아득히 멀어져 간 청조

술

벗하여 동행이라
몸 살라 맛과 멋
고운 머리 감겨 놓고
술술 고갯길 잘도 넘어 가더이다

천생연분 맞이할 제
동네 어른 모셔 놓고
주거니 받거니
화기애애 하더이다

한평생 희로애락
쉬어 넘는 미수米壽 고개
그 많은 친구 중에 너만한 이 어디 있어
아름드리 담근 정情 집안잔치 하더이다

정성으로 빚은 술
조상님 전 올리고저
향 살라, 옥로잔에 따르노니
이슬 먹은 봄꽃 사뿐히 앉더이다

술이 좋아 담근 인생
쓴 술 한 잔 받아들고
숨은 회포 목 놓아
누워버린 나목이여

어찌하여 술이 좋아
그리하여 술이 좋아
그렇게도 좋아라
좋아라 하더이다

좋을시고 내 벗이여
모든 시름 내려놓고
청산으로 가사이다
청산으로 가사이다

사랑니

조그맣고 야무지게 내게로 와
한평생 혹사시킨 아픔
기어이 살점 갈라 떠나고 말았구나

가지런한 대열 속에서
무엇 그리 궁금해 고개 내밀어
토라져 누운 사랑니
일찌감치 널 버리지 못해
두 귀 꽉 막고 고이 간직한 널
보낸 후 텅 빈 입 속
저 아랫목에 슬픔 고인다

삼백육십오일 내내 콩닥콩닥
방아 찧어 몸 살찌우고도
제 몸 도려내는 아픔
짊어진 한 톨의 넋
뚝 떼어낸 나의 분신이여!
너를 보낸다

벽

너를 만나면
한마디 정담도 미소도 찾을 수 없지만
그저 기대고픈 포근한 마음
이젠 버릇처럼 버릇없게
당당하게 기대고 앉아있다

넓은 지아비 가슴에 이는
따사로운 햇살의 여울처럼
잔잔한 맥박의 울림은 들을 수 없지만
기대어 한숨짓는 나를
말없이 안아주는 너는
티 없이 평온한 소꿉친구 같구나

때로는
부끄러운 허물을 가려주고
한기와 열기를 막아
고달픈 삶을 쉬게 해주는 묵묵한 너!
오늘도 너의 가슴에 기대고 앉아
외롭고 긴 하루
비낀 해를 바라본다

연민

계수나무 그늘 아래
하얀 달빛
흠뻑 젖은 옷자락에
텅 빈 마음

구름이 안쓰러워
주렴 내린다

닳을 대로 닳아 버린
야윈 조각달
찢긴 나래처럼
구름에 걸려 있다

다시금 달빛이
차오르면 어쩌나

미련

하늘이 타고 있다

붉게
검붉게
타다가 타다가
남긴 잿빛 하늘가

숱한 흔적 흠뻑 사르고
수많은 하루를 흘리고 간
텅 빈 밤하늘

묻어둔 불씨 하나
또 다른 오늘을 지피고
여념 없이 노을강으로 간다

우울한 저녁

안개 낀
봄날 저녁이
흐느낀다

누가 쇼팽의 녹턴을 걸어놓았나

밖은 소란한 황사로 들끓는데
홀로, 한적한 음반 길을 산책하는 이여
이 저녁에

슈가향 미로는 바람에 날고
저물어 가는 가슴
잿빛 하늘 허우적거린다

둘러봐도 아무도 없어
안개꽃 한아름 끌어안고
돌아설 그 길

저녁을 맴도는 노을 먹은 해
달이 뜨기를 기다리라 하고

남긴 한 조각 구름마저 외면한다

눈을 감는다

알알이 쏟아지는 건반 위의 유성들
내 심연에 머물다가
산산조각 흩어진다

어쩜 좋을까, 어찌할까
물씬 더운 물꼬가 터져 낙조를 열고
알 수 없는 낯선 곳으로 방황한다

너 거기에 있느냐

고독

바람아
말없이 지나가거라
서성이지도 두드리지도 말고
꽉 잠긴 문 열려하지 말아라
어둠이란 어둠
밀랍 같은 까아만 적막
고독의 가녀린 떨림조차
허락지 않는 이 공간
시간의 자전 속에서
뿌우연 빛살이 어둠 사르면
빗장 열리는 소리
살가운 네 귀엔 들리느냐
파아란 하늘, 실눈으로
새들의 지저귐, 귓전에
보드라운 네 뺨이 그리운
나의 느티나무 아래로 가련마는
바스락 바스락 물기 한 점 없는
가랑잎 하나
저 칠흑 같은 눈물
칠흑 같은 눈물

바람아 --

눈물

꽃잎 피는 소리
꽃잎 지는 소리
후두둑 떨어질 꽃잎일까봐
우는 바람소리

얼룩진 그림자
퇴색된 꽃잎 자욱
눈물의 흔적인가

머무르지 않는 생의 가락
채색된 눈물로
쌓인 꽃잎

슬픔보다 더 진한
아름다움인 것을
꽃잎 지는 소리
꽃잎 피는 소리

모란

슬픔보다 더 아픈 가슴앓이
아픔보다 더 슬픈 가슴앓이
두 손 꽉 쥐며
잘그시 웃고 있는 가슴앓이

떠나가는 이의 불그레한 눈시울보다
보냄의 슬픔 속에 붉게 멍든 오후
여름날 소낙비
휘늘어진 모란 꽃잎
진한 핏물 뚝뚝 떨어진다

몹시 그리운 날
밤 지새도록 이어지는 해맞이 기도
이슬 머금은 모란
옥구슬 염주알 세고 있다

지팡이

안개 자욱한 무등산
천지는 하얗게 잠들었다

해묵은 낙엽 숨소리에
놀란 다람쥐
갈 길 잃고
귀마저 가슴에 묻으면
신선되어 오르는 마음 하나
무아의 경지

절룩거리는 생의
지팡이

그래도 아직 나의 봄은

젖빛 목련, 머리 위에 피어나고

하늘 드리운 연못에는

붉은 잉어 한 마리 봄을 노닌다

<그래도 봄은> 중에서...

04
목련구름

해에게 물어보았다

시냇물처럼 흐르고 싶어라
언덕을 만나면 돌아서 가고
돌부리 스치면 웃는 얼굴로
잔물고기 도란도란 얘기 들으며
물풀 휘감고 놀다 가는

바람새처럼 신나게 날아도 보란다
나래 활짝 펴고 날으다가
산 넘고 강 건너 바다 끝이 없어
성난 구름 부딪히면 폭풍우 몰아쳐
평온한 대지를 휩쓸고 말아

해에게 고개 저어 물어보았다

대자연의 숨소리 귀 기울이고
한결같이 쏟아낸 빛의 물뿌리
어찌하면 항심恒心 먹은 해로 살으리
어찌하면 천 년 만 년 그렇게 살으리
나직이 해에게 물어보았다

덕행

새잎이
세상 눈뜰 때
어여쁨이여

하늘 향해
환희 뽐낼 때
충만함이여

옷깃 여미고
땅끝 숙일 때
고요함이여

천지를 품고
토닥일 때
사랑함이여

돌아보며 바라보는
무한한 꿈
아름다움이어라

폭포

숨은 산길 들킨 설움
통곡하는 폭포
무에 그리 맺힌 한恨 많기도 한지
밤새도록 쉼 없이
아래로 아래로 토해낸다
부서진 살점 다시 흘러
회유懷柔의 모듬으로
한 폭 두 폭 끌어안고
소리마저 잠식하는 고요 속으로
심층 그곳에 자리하고
어우러져 삼라만상 품고 있다

안식安息

흐느끼는 겨울자락
봄볕에 걸어 두고
묵은 시름 녹인 물
흘러내린다

고양이 졸음 이는
양지바른 곳
산새 들새 모두 모아
새물에 멱 감기고
세한삼우歲寒三友 허리 펴고
봄 꿈 이른다

보람

바람이 홀씨를 품고
날아와 앉은 곳
따스한 손길이
싸늘한 흙을 어루만진다

이마 위에 땀방울이
뚝뚝 떨어질 때
한 그루 나무가
하늘을 향한다

명화 속의 너

신나게
창공을 나는 새의 무리는
온종일 물밑만 내려다보는
수선화의 그리움을 어떻게 알까

수면을 긋고
고공을 비상하는
저 하늘새를
안쓰러워하는 물그림자

저만치 멀어져 있는 행적에서
서로의 낯선 행복
자유는 날고
나르시스는 물위를 노닌다

구름에 가리운 엷은 햇살
하얀 종이 위에
화가의 무지개 빛 붓놀림
눈이 부시다

술래잡기

달이
풍덩 강물에 빠진다
물보라마저 잠든 하이얀 달강에
반짝반짝 은어 떼 헤엄쳐 간다
가다가,
훌쩍 저편 언덕바지에
장난꾸러기처럼 걸터앉아
잃어버린 물비늘 솔바람 적신다
달은
저편 숲속 노니는 별들과 술래잡기 하며
보일락 말락 자꾸만 자꾸만 간다
그림자 흔적조차 남기지 않고
까맣게 목마르면 강물 마시고
쉼 없이 가다가 세월歲月로 수놓아
구름 빗겨 뱐족이 내민 얼굴
잡힐까 팔 벌려 맞으려 하니
술래 되어 등 뒤에 선머슴 같이
짓궂게 반웃음 짓고 있다

목련구름

젖빛 구름
헤집고 내민 동그라미
붉은 괭이 꿀컥 삼켜
도려낸 흔적

어둠 살라 먹고
천지에 목련구름 뿐
하얗게 지던 밤
달빛 부르는 구름

목련이로구나!

달 같은 해

검둥산 아래로 '퉁' 떨어진다

한낮 부신 눈 시릴까봐
빗살 깔아 먼 산 잠재우고
잿빛 휘장 드리워 점잖은 양
화려한 장신구 다 내리고서
첫날 밤 새색시 치마폭에 들 듯
검둥산 아래로 '퉁' 떨어진다

태몽

처마끝 비껴
뽀오얀 문풍지
드리운 달빛
새아기 치마폭에
살포시 내려앉는다

문 여닫는 소리
봄길 밟고 오는 발자욱
겹겹이 쌓인 꿈을 품고
화안한 달덩이
두둥실 중천에 오른다

알을 품고

구름이 달을 업고 자장가 부른다
님프에 안긴 여정 어찌하고
아장아장 걸음마로 치마폭에 싸여
동네 어귀 서성이다 잠이 들었나

별 하나 별 두울 지새는 밤
등 너머 나그네 여명 기다려
해 오를까 발걸음 재촉하고
새벽 닭 홰치는 소리
밤새워 요동치던 결실의 몸부림
먹구름 헤치고 용틀임한다

동그란 알 또 하나

빗방울

또옥 또옥
봄을 세며
오는
빗방울

주루룩 주루룩
개여울 밟고
여름 흐르는
소리

구름이 춤추다
서로 부딪쳐
오선지에 내려앉은
방울 얼음

걸림 한 점 없이
하늘 여는
하이얀 춤사위
겨울 나그네

바람이

바람이 호숫가에 앉아
줄 없는 낚싯대를 드리우고
달을 낚고 있다
어스름 깔린 물가
외로운 바람의 노래
수면을 가를 때
동그랗고 마알간 달덩이
포물선을 그린다
냉기 어린 손이 너무 뜨거워
저 하늘가 풍덩 던져 버렸나
달이, 은빛 눈물 뿌려
반짝이는 호숫가
셀 수 없는 삼십 날
마냥 서성이는 바람
바람이 울고 있다

달무리

달이 하이얀 드레스 입고
엄마를 부른다

얼어붙은 호숫가를
서성이다가
엄마의 품 깊숙이
찾아 든다

사랑의 물이 고요히 흐르고
더운 혈류처럼
얼어붙은 물가를
녹이고 있다

달은 하이야 드레스 입고
미소 지으며 아가춤 춘다

기억 속에서

꽃비 흩날리던 날
하이얀 건반 위 '겨울바람'*
티 없는 손끝 구르는 열정
취한 꽃잎 지는 봄날 오후

호숫가
백조는 어디로
날아가고

창가, 늙은 벚나무
간밤 비에 하염없이 꽃잎 내려
아득히 먼 기억 속의 여운
잠 설치는 새벽녘 살쾡이 울음 같이
저 멀리 점점 사라져 갔다

* '겨울바람' : 쇼팽 에튀드 작품25의 11번

함께

먹구름 몌 감기는 하늘 호수
티끌 한 점 없는 푸르디푸른 속
내 마음 풍덩 던져 보란다

삽짝문 열면 코스모스 길
더위에 찌든 번뇌 다 버리고
가벼운 걸음으로 걸어 보란다

작은 생명들의 노랫소리
여울져 오는 귓가
동자스님의 설익은 목탁소리 청아하다

허수아비 너울너울
참새 떼 옹기종기
함께, 영글어 가는 황금들판

풍요로운 가을
가을이
주렁주렁 열린다

달

부질없는 세상 근심 잊으라 하고
하염없이 길 떠난 하늘 나그네

밤을 앓고 있는 멍든 하늘
가리운 조각구름 밀어 내고
꽃잔디 깔아놓은 별들의 의미
회한의 눈물로 되돌린 심혈

이제 막 생기 오른 맥박의 울림
옥빛 여민 수줍은 미소로
화답하는 너는
주렴 속 아씨보다 더
아리따운 하늘 나그네

못내 바라만 보다가
숲을 지샌다

관악산 자락에

구름 떠나보낸 하늘 덮고
산 품고 살고 있는 옛 친구
관악산 자락에
키 큰 가지 위 까치집 두울
솟대처럼 그 집 지키고 있다

무에 그리 그리다가
바래진 백발 되어
숨소리 바람 치고 우는 인경
놀란 새 후두둑 통곡하며
계곡으로 날아든다

아직은 녹지 않은 새벽달
물안개에 가리우고
봄산 뾰족이 내미는 얼굴
하늘 우러러 살포시
솜털구름 띄운다

관악산 자락에 외딴집 하나

슬픈 눈동자

갈매기 등에 업혀
보내온 섬 아이
섬 그늘 어미 얼굴
담긴 눈동자

태풍이 쓸고 간
갈라진 섬 바닥
허기진 어린 배
가냘픈 등 떠밀어
뭍으로 보낸
까맣게 멍든 바다

긴 한숨 아린 발
갈매기 등 타고
가는 눈동자
밀려오는 파도
잔별 띄운다

바람 소리

쏴아- 쏴아-
바람의 바다 밀려온다

걸어서 시오리
바다 품은 외가길
소금기 섞인 흙 뒤집고
주렁주렁 밭고랑에 땅콩
캐내시던 외할머니 모습

보일 듯 날아, 간 데 없고
그리움에 삭혀진
바람의 울음소리마저
먹구름에 갇혀버렸나
인기척 없는 툇마루

쏴아- 쏴아-
눈물도 울음도 아닌 것이
뚝뚝 처마 끝에 떨어진다

바람이 호숫가에 앉아

줄 없는 낚싯대를 드리우고

달을 낚고 있다

〈바람이〉 중에서...

05
단 한순간도

그림을 그려라

얘야, 그림을 그려라
어릴 적 스케치북 한 장 한 장 넘기 듯
세상 모두 펴고
차곡차곡 못다한 꿈
그려 보아라
파아란 하늘 까맣게 잠들면
빨간 해 하나 그려
여명으로 밝히고
곱디고운 빛살 무늬, 진솔한 얘기
숨은 그림 찾아 그려 보아라
화폭에 피어난 아름다운 날들
내 품에 돌아와 안길
꼭 안아 보고픈 얘야!

걸음마

우리 아가
첫 걸음마 옮기던 날
야무진 디딤
티 없는 각오로
걸음마 걸음마 엄마 손 잡는다

저기 디딤돌 올라서면
울긋불긋 온갖 세상 펼쳐진다
발밑 걸림돌에 넘어지면
별빛 튀겨 캄캄한 밤

아가야!
고개 번쩍 들어라
걸림돌 고쳐 세워 디딤돌 하고
첫 걸음 딛던 굳센 의지로
똑바로 서서 걷고 있는
당당한 걸음마

우리 아가
이 땅에 똑바로 서던 날
하늘 멀-리 푸르다

새해

하얀 눈꽃 내린다
추위에 떨고 있는 나무들
포근히 덮어 안아
신부의 다짐으로 봄을 잉태한다

오랜 산고, 두터운 산문 열고
무지개꿈 서두르는 구름아
바람마저 다독여
벗 삼아도 좋으리

흐르는 물은 물길 따르고
새잎 멱 감기는 바람의 춤사위
풋풋한 보리 내음
밝아오는 새해

밤새워 설빔 짓던
어머니 정성으로
한 땀 한 땀 수놓아
오실 날, 오시는 날

오색 구름은
품 속 아가의 색동 저고리
동자 스님의 자비로
앞섶 여민다

까치밥

파아란 하늘 끝에
불덩이 하나
대롱대롱 춤추며
뽐내고 있다

까치 날아와
코옥 꼬옥 쪼아 먹고
푸른 행복, 온 천지에
토해내고 있다

전설 타고 내려온
까치밥 얘기
고파도 부른 척
나눠 먹던 인심

까치밥 덕담으로
불씨 지펴 놓고
찬 서리에 꺼질세라
잿불 토닥인다

단 한순간도

밀물처럼 왔다가
썰물처럼 떠나버렸다
순간순간이 모였다가
산산이 흩어지고 말
혼돈 속에서
작열하는 태양 아래
이슬처럼 사라져
허무한 오후
과거와 미래를
줄달음 하는 질긴 굳은살
봄날, 하얀 홑이불 같은
춘설의 꿈을 덮고
기지개 켠다

마른 가지에
새살 언제 오르려나
풀빛 언제 새기려나

무제無題

북창동 인파 속에 잠든 할아버지
시멘트 찬 기운에 빛바랜 얼굴
따가운 가을볕에 지친 몸 풀어놓고
시린 아픔 다 잊은 채 곤히 잠드셨나
일렁이는 가로수 그늘 아래
차가운 그림자 띄워 놓고
행여 저승길 찾으실까
가던 걸음 돌아서니-
어이할꼬! 바쁜 걸음 무심한 인심
오가는 이 많아도 싸늘한 무인도

함께 찌든 빈 수레가
폐지 모은 인생살이 지키고 있다

욕망

흰 구름 날으는 하늘 코발트
작은 포물선 이는 바다 에메랄드
눈빛 하나가 그어놓은 수평선
바람에 돛 달아 그곳으로 간다

거친 파도가 내려 덮쳐도
숨결 고르는 팔딱이는 심장
하늘 닿는 저기
소리 없는 울부짖음
가도 가도 멀어져가는 저 수평선

홀연
곳집 훌훌 벗어 버린
번뜩이는 별 하나
지금 선 자리
여기가 바로 거기인 것을

환희

수정 하늘 아래 눈꽃의 유희

잡힐 듯 달아나는 하얀 나비처럼
도도하고 요염한
눈이 부신 하늘 눈꽃

단아한 봄 햇살 아래 자취도 없이
사라져, 오는 듯 가버린
한 순간의 너

쫓아갈 수도
애틋한 이별도 허락치 않는
봄날 같은 꿈

하얀 눈꽃으로 아른거린다

길 잃은 이정표

인공 열기에 밀린 동장군冬將軍
남은 기운 발산 못해
애꿎은 봄을 침범하더라
늦삼월에
붉은 회오리바람 휩쓸어
흰 망토 대지를 휘감네

햇늙은이 망령인가
홀어미 심술인가
봄 개나리 겨울 피더니
여름 장미 눈밭 올라
절개 꺾인 시절이여

아리따운 사계절 갈림길에서
분별없이 해설픈 늙은 이정표
빼앗긴 봄을 오라 부르는
돌담 밑 바시시 고개 내민 민들레

어제와 오늘

성냥갑 쌓아놓은 듯 아파트 창가
귀를 걸어 놓고 눈도 달아 본다
쏴- 윙윙 차 소리
주말엔 쿵쾅 쿵쾅
아이들 놀며 뒹구는 소리
온가족 모두 모여 하하 호호
사람 사는 내음 물씬 난다

눈 걸고 조리개 원근 조절하면
울긋불긋 네온불빛 현란하다

시멘트벽 하이얗게 의지하고
쪼르르 오르내리는 이기利器에 메인 삶
옛과 오늘 낯가림하여
태고적 달을 그리던
이백李白의 노래 가물거린다
옛 시인 오늘을 살면
아파트 창에 오른 희뿌연 달빛
어떻게 노래할까

그리움 뿜어내는 네온의 달
오늘에 살고 있는 나는 --

질곡의 세월

그대 재촉하지 않아도 절로 따라가
대지 위에서 통곡한다
어쩌다 두 갈래로 나뉘어져 응어리진 비운
앙상한 가지 끝에 걸려
천방지축 방향 잃은 삭풍이 광풍으로
서해 푸른 물결 피로 물들이고
애써 일군 삶의 둥지를 휩쓸고 말았다
선하디선한 눈망울이 치달은 예리한 칼끝
북쪽 하늘 배회만 하다가
실체 없이 겨눈 시린 총부리
최초의 늪에서 흐느끼고 있다

철조망 앞 속눈썹이 뽀오얗게 얼어붙은
겨울아이야!
출렁이는 동해의 해오름을 보아라
우리에겐 오랜 세월 켜켜이 묻어둔 염원 있기에
쌓인 눈 헤집고 봄의 싹 움트려 한다
아- 그 날이 오면 그대 안의
슬픔이란 슬픔 오렌지 빛으로 물들여
불어오는 바람결에 은빛 머리카락

곱게 빗어 단장하고
태고의 전설 속 여신처럼 자유롭게 날아
봄을 기다려야 했던 이유, 아이에게 들려주련다

동족애

북쪽 하늘
봄은 아직 멀어
반목의 그늘, 된서리에
좀처럼 노출되지 않는
암 덩어리

의술은 말이 없고
겨울 땅거미는 기웃거린다
명의여, 서둘러 메스를 잡고
끓는 심장 한 쪽 뚝 도려내어
멎어가는 냉가슴에 이식하렸다!

그리워 그리워
서로 닮은 우리
동족애 너울너울
남과 북이 조화로운 이 강산
사계가 풍요로운데

고향길

달도 가고 나도 가고
가는 내 고향
달구별 숨결
아직 남아 반갑구나
고풍스런 흔적, 정겨운 터전
그리워, 달무리 짓는 눈가
오라 부르고 따라 가는 고향길
군더덕지 모두 벗어버린 알몸으로
달과 함께 가고 있다

옛날에

바스락 톡톡
솔방울 튀는 부뚜막 높은 아궁이에
훨훨 타고 있는 불꽃은
사랑방 족자, 어르릉 입 벌린 호랑이 되어
이글이글 저녁 노을 씹고 있었다

옛날에, 그 집
무쇠솥 아궁이 불 지피는 순이 옆에
도시 아이 웅크리고 따라 앉아 있다가
보글보글 익어가는 구수한 내음에
빠알갛게 달아오른 앵두 빛 두 볼
순이의 까아만 눈망울로 숨어들었다

반질반질 솥뚜껑에 김 오르고
노을 먹은 솔 숯덩이
안방 놋화로에 소복이 옮겨지면
할머니 긴 담뱃대, 옆으로 밀쳐두고
밟힐 듯 치맛자락 대청마루 휘저어서
단지 속 깊-이 묻어둔 알밤이 청어
노랑노랑 구워 할아버지 상에 올린다

도시 아이 특등석 할배와 겸상하고
담북장 무장아찌 젓가락에 꽂아주던 할머니

가고, 세월 또 가서
도시 아이 할매 되어 주름 섞인 얼굴로
창 너머 지는 해 바라보며
옛날 그 옛날 꿈길에서
노을 속 걷고 있는 순이를 만난다

골목길

두 팔 활짝 펴고 걸으면
오른손은 이 집, 왼손은 저 집
다정스레 악수하던
좁다란 골목길

짓궂은 바람이 앞서겠노라
등 떠밀면
길섶, 듬성듬성 코스모스
깔깔대며 웃어대고

햇살 다투어 밀려오는
이른 아침
서둘러 인사하는
민들레 가족

함박눈에 쌓여 어제는 가고
낯선 오늘과 내일은
발자취조차 찾을 수 없는
무한의 길

길과 길의 모롱이에 서서
길 잃은 철새처럼 연거푸 내려앉는
희뿌연 눈길 헤집고
빛과 그림자 더듬고 간다

무겁디무거운
눈의 무게가
곱게 녹아 내려
응고된 대지를 섬길 때

민들레 홀씨
자유롭게 날고
산들바람에 미소 짓는
돌아오 곰목길

지난 밤 꿈길인가
내일 열릴 꿈길일까
그 길 그런 길
걷고 싶다

사랑방의 오후

흰 수염 길다란, 학 닮은 할아버지
책장 넘기시는 소리에 놀란 햇살
졸고 있던 문풍지에 숨어들어
열두 폭 산수병풍 고즈넉이 오르내린
사랑방의 오후

방울 주머니 목에 걸고
할아버지 평좌 위에
연꽃처럼 올라앉은 두 돌배기
흰 수염에 손망울 올려
깊은 시름 펴지신다

할아버지 쌈짓돈 꽃주머니 채워지고
머리맡 함지박에 몰랑한 곶감
꽃잎 손에 담아, 다독여
어미 품에 안겨주신 자애로움

저물어가는 사랑방의 옛 그림자
빛바랜 흔적 성긴 화폭을 넘긴다

송편

바쁜 일손 콕 찍어 풋콩 박은 주먹 송편
시집살이 정성으로 반달 같은 아씨 송편
곱게 빚어 솔잎 내음 무쇠 솥에 김 오르네

야박한 도시 인심 깨알 같은 오색 송편
한 입 물어 톡 터지면 그래도 꿀맛이야
통팥 듬뿍 넣어 보름달 햅쌀 송편
좋구나! 풍년이여 방방곡곡 송편 잔치

달은 중천에 올라
오순도순 송편 빚는 추석 전야
정다운 이 모두 모여 솜씨 자랑 웃음 속에
대청마루 넘실대는 시어머니 치맛자락
뜰에는 감 익고 들녘엔 오곡 영그는 소리

달아! 너는 팔도 송편 다 맛보아
그렇게 크-은 얼굴 보름달 되었구나!

시집가는 길

꽃가마 타고 시집가는 길
등 너머 멀다 하고
돌아보지 말라시던
부탁의 말씀

새 식구 만나, 살아갈 도리
차곡차곡 담아주신 사랑의 다짐
꼬까 신랑 등에 업고
시집가던 옛 얘기

바다 건너 먼 곳, 날아갈 적에
시름일랑 훠이 띄워버리고
지혜는 고이 건져 가슴에 품어
고운 꿈 펼치고 살라 하신
사랑의 눈물 뿌려진 그 길

혀 찬 말씀

먼 데 아지랑이 할머니 눈가 주름
겹겹이 아른아른 숨어있던 얘기
옛 여인의 한숨 속에 녹아
'하고픈 말 어찌 다 하고 살래'
눈멀어 허공으로 날아가더니
해질 녘, 곱게 물든 노을
말씀 되뇌이며
해를 품는다

시정詩情

아침 햇살 몸 사르고
빛 고운 석양 수줍어
꿈속 거닐다가
발아래 머문 애틋한 그대

그대 자리한 곳
바라만 보다가
먼지 풋풋 날아
초점 잃은 나의 뜰
찰나,
놓쳐버린 자막처럼
까아맣게 사라져 버렸다

삽짝 곱게 쓸어 꽃단장한
저- 고요 속으로
훌쩍 떠나버린 그대
다신 돌아오지 않는다 해도
바람결에 흘리고 간 흔적으로
내 안, 오래 묻어두었던 조약돌
곱게 닦아 소복소복 담으리라

작품해설

어떤 아픔도 어떤 고독도 엷은 꽃잎의 잔잔한 숨결

지연희 | 시인, 수필가

시인의 시집 한 권에 구조되어진 언어가 묻혀 놓은 감성의 면면에 가슴을 맞대어 보면 미세한 떨림이 이입되어진다. 손끝으로 감지하는 바람결 같은 감촉에 젖게 되는데 아마도 언어에 내장되어진 감동의 크기일 것이다. 장정자 시인의 첫 시집「해에게 물어보았다」의 시 편을 받아들고 감상하며 느낄 수 있었던 총체적인 느낌이다. 깊은 우물물 같은 연배를 감지할 수 있는 시인의 시선들이 여유롭게 혹은 자유롭게 손짓하는 유혹을 저버릴 수 없었다. 이 끈끈한 기운은 무엇일까 서성이다가 가느다란 실금 하나를 발견했다. 쉽게 끊어지거나 엉키지 않는 중심축으로 일관된 자존심 같은 것, 무엇을 말하거나 시인은 어둔 밤길 횃불 하나 들고 사위를 아우르는 내심을 밝히고 있다.

2009년 계간문파문학 신인상 시 부문에 당선되어 문학 활동을 시작한 시인은 당시 고희를 앞둔 연만한 나이의 늦깎이 시인이었다. 그럼에도 불구하고 꾸준한 작품 활동을 이어와 오늘의 성과를 이룩한 것이다. 뜻이 있는 일에는 흐르는 시간과 나이에 구애받지 않는다는 진리를 보여주고 있다. 단

정한 외모에서 느낄 수 있는 흐트러짐 없는 완강함이 시의 저변에 배어 있는 시인의 시는 그만큼 고결하다 해야 할 것이다. 깊은 고뇌의 흔적보다 머릿결을 쓸고 내려와 목덜미에 흘러내린 멋스런 스카프의 흐름처럼 고상하고 맑은 정서를 추구한다. 하여 장정자 시인의 시는 어떤 아픔도 어떤 고독도 엷은 꽃잎의 잔잔한 숨결을 보여준다.

하이얀 속옷 발등 감추고
살랑이는 바람에도 아랑곳 않아
꽃잎 하나 곱게 피워
소원 빌고 있는 그대

가녀린 떨림에도 흔들리는 마음
평좌하고 고정하여
숨소리마저 질시하는
그대의 고요 속으로 거닐고 있다

가다가, 가시밭 돌부리에 걸리면
노도 같은 호통으로 검붉게 몸 살라
줄줄 흐르는 눈물 심장 한 모퉁이에서
웅크리고 있는 티끌마저 말끔히 씻어낸다

속살 다 태워 내민 동그라미
마지막 남은 한 점
그대 같이 살고파
합장하고 비는 마음

– 시 「촛불」 전문

너를 만나면
한 마디 정담도 미소도 찾을 수 없지만
그저 기대고픈 포근한 마음
이젠 버릇처럼 버릇없게
당당하게 기대고 앉아있다

넓은 지아비 가슴에 이는
따사로운 햇살의 여울처럼
잔잔한 맥박의 울림은 들을 수 없지만
기대어 한숨짓는 나를
말없이 안아주는 너는
티 없이 평온한 소꿉친구 같구나

때로는
부끄러운 허물을 가려주고
한기와 열기를 막아
고달픈 삶을 쉬게 해주는 묵묵한 너!
오늘도 너의 가슴에 기대고 앉아

외롭고 긴 하루
비낀 해를 바라본다

– 시「벽」전문

‘하이얀 속옷 발등 감추고/살랑이는 바람에도 아랑곳 않아/꽃잎 하나 곱게 피워/소원 빌고 있는 그대’라는 시「촛불」은 하얀 촛대에 불 밝혀진 촛불의 사실적 묘사이다. 그러나 이 시인의 시선은 촛불의 사실적 묘사에 머물지 않고 발등까지 내려온 하이얀 속옷을 입은 한 여인을 주시하는 시인의 시선으로부터 시의 문을 연다. 바람이라는 어떤 장해도 서슴없이 꽃잎이라는 촛불을 밝혀 소원을 비는 그대(여인)와 만나게 한다. 그대라는 여인과의 대면이다. 그대의 세상(존재의 이유) 속으로 걸어가 그대(촛불)의 지난한 삶을 짚고 ‘가다가, 가시밭 돌부리에 걸리면/노도 같은 호통으로 검붉게 몸 살라/출출 흐르는 눈물 심장 한 모롱이에서/웅크리고 있는 티끌마저 말끔히 씻어낸다’는 속살 다 태워 내민 동그라미의 마지막 한 점 그대 같이 살고파 두 손 모아 합장하고 있다.

시「벽」을 들여다보면 지아비 가슴처럼 햇살의 따뜻한 맥박의 울림은 들을 수 없지만 기대어 고달픈 삶을 쉬게 해주는 대상(벽)과의 조우이다. '너를 만나면/한 마디 정담도 미소도 찾을 수 없지만/그저 기대고픈 포근한 마음/이젠 버릇처럼 버릇없게/당당하게 기대고 앉아있다'는 벽에 의지한 한 인물의 평안한 휴식을 바라보게 한다. 때로는 기대어 한숨짓는 나를 말없이 안아주는 너는 티 없이 평온한 소꿉친구 같기도 하고 고달픈 삶을 쉬게 해 주는 묵묵한 대상이다. 이 시의 그림은 두 무릎 세우고 앉아 하루의 시름, 고독과 외로움의 긴 하루를 벽에 기대어 위로 받는 여자의 모습이 보인다. 때로는 부끄러운 허물을 가려준다는 한기와 열기도 막아준다는 혼자 있는 여자의 고적한 모습과 만나게 된다.

I
성큼 추워진 아침 나들이
다정스레 쥐어주던 그 목도리
아직은 젊은 양 팽개쳤더니

얇은 깃 속으로 움츠러든다

할머니 추워요……
바람이 '휘익' 비웃고 스치더니
낙엽이 '까르르' 웃으며 지나간다

Ⅱ
가을비 올올이 내려와
시를 엮어 목에 걸면
시인의 가슴에
젖은 잎새

– 시 「시인의 가을」 전문

두 팔 활짝 펴고 걸으면
오른손은 이 집, 왼손은 저 집
다정스레 악수하던
좁다란 골목길

짓궂은 바람이 잎시귀 떼놓느라
등 떠밀면
길섶, 듬성듬성 코스모스
깔깔대며 웃어대고

햇살 다투어 밀려오는

이른 아침
서둘러 인사하는
민들레 가족

함박눈에 쌓여 어제는 가고
낯선 오늘과 내일은
발자취조차 찾을 수 없는
무한의 길

– 시 「골목길」 중에서

맑은 종소리 같은 영혼의 울림을 내장한 장정자 시인의 언어는 고요한 숲속 엷은 바람결 같은 흐름을 느끼게 한다. 그림이 선명하고 무엇보다 동적 움직임이 시의 생명력을 일으켜 세우는 힘을 보여준다. 시는 언어의 그림이다. 언어라는 재료를 배치하여 시인이 추구하는 의미의 메시지를 언어의 그림으로 구조해 내는 수법이다. 독자는 그 그림의 구체적 의도에 따라 응시하게 된다. 시 「시인의 가을」은 시인의 가을 나들이 그림이 '휘익' '까르르' 청각적 이미지에 스며 정서를 깁는다. 성큼 추워진 아침 나들이길 다정스레 쥐어주던 목도리를 아직은 젊은이 모양 팽개쳤다는 오기가 '할머니 추워요……/바람이 '휘익' 비웃고 스치더니/낙엽이 '까르르' 웃으며 지나간다'는 비아냥거림을 낳고 말았다는 판단차고를 가을의 나이로 말하고 있다.

시 「골목길」은 지난 기억 속 흔적으로 남은 골목길에 가 닿고 싶은 화자의 그리움이 물씬 배어있는 시다. 누구나에게 가슴에 쌓인 추억 속의 옛 일들은 아름답지 않은 것이 없지만 특히 이 시에게 제시하는 공간의 골목길은 시인의 어린 시절이 살아 꿈과 낭만이 묻어나는 특정한 곳임에 분명하다. '그 길 그런 길 걷고 싶다'는 기억 속 먼 그리움을 펴내고 있다. '두 팔 활짝 펴고 걸으면/오른손은 이 집, 왼손은 저 집/다정스레 악수하던/좁다란 골목길//짓궂은 바람이 앞서겠노라/등 떠밀면/길섶, 듬성듬성 코스모스/깔깔대며 웃어대고' 동심의 순연함이 살아있는 골목길의 고즈넉한 그림이 시야에 젖어드는 담백한 풍경 하나를 본다.

온종일 가만히 앉아 있는 여자

먹지도 않고
잠들지도 않고
숨소리마저 삼켜버렸나
우두커니---

검은 그림자 휙 날아
그녀의 희석된 머리칼을
잽싸게 낚아채고
무릎 위 얄팍한 옷자락에
매달려, 언 가슴 통곡한다

단전에서 정수리까지
산산이 부서져
싸릿대보다 더 까칠한 냉가슴
차오르는 버거운 물거품이
그녀의 목젖 아래 다다를 때
살아있음을 간신히 엿볼 수 있는
입술의 가녀린 떨림
미명未明의 질긴 빛의 줄기가
피안彼岸을 향해 가로지르고 있다

그 안에 그것이 무엇이기에
온종일 가만히 앉아 있는 여자

– 시「앉아 있는 여자」전문

안개 낀
봄날 저녁이
흐느낀다

누가 쇼팽의 녹턴을 걸어놓았나

밖은 소란한 황사로 들끓는데
홀로, 한적한 음반 길을 산책하는 이여
이 저녁에

슈가향 미로는 바람에 날고
저물어 가는 가슴
잿빛 하늘 허우적거린다

둘러봐도 아무도 없어
안개꽃 한아름 끌어안고
돌아설 그 길

저녁을 맴도는 노을 먹은 해
달이 뜨기를 기다리라 하고
남긴 한 조각 구름마저 외면한다

— 시 「우울한 저녁」 중에서

꽃비 흩날리던 날

하이얀 건반 위 '겨울바람'*
티 없는 손끝 구르는 열정
취한 꽃잎 지는 봄날 오후

호숫가
백조는 어디로
날아가고

창가, 늙은 벚나무
간밤 비에 하염없이 꽃잎 내려
아득히 먼 기억 속의 여운
잠 설치는 새벽녘 살쾡이 울음 같이
저 멀리 점점 사라져 갔다

* '겨울바람' : 쇼팽 에튀드 작품25의 11번

– 시 「기억 속에서」 전문

시 「앉아 있는 여자」와 시 「우울한 저녁」 시 「기억 속에서」의 배경에는 한 사람의 여자가 있다. 같은 이름의 여자가 사색하며 벽에 기대어 앉아 있거나 우울한 저녁을 방황하기도 한다. 시 속 여자는 시인의 자화상이다. 시인의 영혼의 세계가 작품의 배면에 바탕을 이룬다는 것은 벗어날 수 없는 당연한 사실이다. 장정자 시인의 위의 시 세 편은 이 시집

「해에게 물어보았다」의 전면에 흐르는 배경이라고 보아도 무리가 없을 것이다. 다소 외롭고 우울한 여자의 일상과 연결되어 있는 이 멜랑꼴리한 분위기는 시인이 안고 있는 삶의 크기이다.

우두커니 온종일 가만히 앉아있는 여자는 먹지도 잠을 자지도 않고 있다. '단전에서 정수리까지/산산이 부서져/싸릿대보다 더 까칠한 냉가슴/차오르는 버거운 물거품이/그녀의 목젖 아래 다다를 때/살아있음을 간신히 엿볼 수 있는/입술의 가녀린 떨림/미명未明의 질긴 빛의 줄기가/피안彼岸을 향해 가로지르고 있다'는 검은 그림자로 머리칼을 낚아채고 무릎 위 얄팍한 옷자락에 매달려 통곡하던 고뇌의 끝 그녀는 겨우 한 모금의 물을 목젖으로 넘기며 미세한 생명의 힘을 확인할 뿐이다. 이 시의 핵심적 메시지는 그 무엇도 의미의 가치를 세우지 못하는 번뇌로 하여 아픈 여자의 하루를 그려내고 있다.

시 「우울한 저녁」은 안개 낀 봄날 저녁의 우울한 정서가 흐느낌으로 묻어난다. 쇼팽의 녹턴 피아노 선율이 흐르는 한적한 시간 홀로 감상하는 화자의 모습을 연상하게 된다. '누가 쇼팽의 녹턴을 걸어 놓았나/밖은 소란한 황사로 들끓는데'라는 공간 제시로 하여 실내에 틀어놓은 음반 길을 따라 감상하고 있는 화자와 만나게 되는데 결국 그 길은 저물어가는 가슴 허우적거리고 돌아봐도 아무도 없는 안개꽃 한 아름 안고 돌아서는 길이다. '슈가향 미로는 바람에 날고/저물어 가는 가슴/잿빛 하늘 허우적거린다//둘러봐도 아무도 없어/안개꽃 한 아름 끌어안고/돌아설 그 길'이다. 허우적거리고, 외면하고, 흩어지고, 방황하여 '너 거기에 있느냐'는 너를 향한 부름이 성립되는 외로움으로 우울한 저녁의 풍경을 극명하게 그려내고 있다.

시 「기억 속에서」는 꽃잎 지는 봄날 오후 호숫가 백조는 어디로 날아가고 아득히 먼 기억 속의 여운도 잠 설치는 새벽녘 살괭이 울음 같이 멀리 사라져 버리는 아쉬움을 담고 있다. 특히 장정자 시인의 시 속에 귀속되는 소재들 속에는 회화적, 음악적 혹은 지역 풍토적인 요소들을 발견하게 되는데 그 중에서 '쇼팽'에 대한 감상의 폭이 넓은 편이다. 시 「우울한 저녁」이나 시 「기억 속에서」에 깔아 놓은 쇼팽의 피아노 선율이 시의 이해력을 증폭시키는 배경으로 차용하고 있다. '창가, 늙은 벚나무/간밤 비에 하염없이 꽃잎 내려/아득히 먼 기억 속의 여운/잠 설치는 새벽녘 살쾡이 울음 같이/저 멀리 점점 사라져 갔다'는 시의 마지막 연의 의미처럼 늙은 벚나무로 대리된 화자의 기억 속 아름다운 날들이 멀리 사라져 가는 아쉬움으로 존재하고 있다.

시냇물처럼 흐르고 싶어라
언덕을 만나면 돌아서가고
돌부리 스치면 웃는 얼굴로
잔물고기 도란도란 얘기 들으며
물풀 휘감고 놀다 가는

바람새처럼 신나게 날아도 보란다
나래 활짝 펴고 날으다가
산 넘고 강 건너 바다 끝이 없어
성난 구름 부딪치면 폭풍우 몰아쳐
평온한 대지를 휩쓸고 말아

해에게 고개 저어 눌어보있다

대자연의 숨소리 귀 기울이고
한결같이 쏟아낸 빛의 물뿌리
항심恒心 먹은 해로 살으리
천 년 만 년 그렇게 살으리
나직이 해에게 물어보았다

– 시 「해에게 물어보았다」 전문

달이
풍덩 강물에 빠진다
물보라마저 잠든 하이얀 달강에
반짝반짝 은어 떼 헤엄쳐 간다
가다가,
훌쩍 저편 언덕바지에
장난꾸러기처럼 걸터앉아
잃어버린 물비늘 솔바람 적신다
달은
저편 숲속 노니는 별들과 술래잡기 하며
보일락 말락 자꾸만 자꾸만 간다
그림자 흔적조차 남기지 않고
까맣게 목마르면 강물 마시고
쉼 없이 가다가 세월歲月로 수놓아
구름 빗겨 뾰족이 내민 얼굴
잡힐까 팔 벌려 맞으려 하니
술래 되어 등 뒤에 선머슴 같이

짓궂게 반웃음 짓고 있다

– 시 「술래잡기」 전문

시 「해에게 물어보았다」는 누구에게 무엇을 묻겠다는 의도가 아니라 본문의 시어로 보면 '나는 이렇게 하겠습니다'라는 결의에 찬 의지를 표명하고 있다. 하여 당신은 나에 대하여 어떤 생각을 하고 있습니까? 라는 질문이기도 하다. 시냇물처럼 흐르고 싶고, 언덕을 만나면 돌아서가고, 돌부리에 스치면 웃는 얼굴로, 잔물고기 물풀 휘감고 놀다 가는 유유자적한 삶을 살고 싶은 바람이다. 어떤 불협화음에 연연하지 말고, 어떤 장해물도 묵묵히 헤쳐 나가는 자연의 일부로 살고 싶어 한다. 하여 '해에게 고개 저어 물어보았다/대자연의 숨소리 귀 기울이고/한결같이 쏟아낸 빛의 물뿌리/항심恒心 먹은 해로 살으리/천 년 만 년 그렇게 살으리' 의지이다. 다만 이 시는 시제에서 그리고 마지막 한 행의 의미 '나직이 해에게 물어보았다'는 반문에 주목하게 한다. 마치 '어떤가요. 내 생각은–?' 절대 굽힐 수 없는 단호한 깊이로 던져내는 한 마디가 '나직이'라고는 하지만 '그렇지요. 그래야지요'라는 대답을 유도하는 미묘한 흡입력을 지니고 있다.

술래잡기란 아이들 놀이의 하나이다. 한 아이가 술래가 되어 숨은 여러 아이들을 찾아내는 놀이로 어린 시절 누구나 한 번쯤은 해보았을 심심풀이다. 시 「술래잡기」는 달이 달빛에 비친 강물, 은어 떼, 솔바람, 언덕바지, 별들과 호젹한 밤의 풍경을 술래잡기 하듯 그려내고 있다. 달빛은 강물에 빠지기도 하고 은어가 되어 헤엄치거나 언덕에 앉기도 하다가 별들과 술래잡기를 한다. 달빛이 사물에 흐르는 밤의 정경을 술래잡기 놀이로 그려내는 시인의 감성이 순연한 동심의 끈으로 연결되고 있다. '달은/저편 숲속 노니는 별들과 술래잡기 하며/보일락 말락 자꾸만 자꾸만 간다/그림자 흔적조차 남기지 않고/까맣게 목마르면 강물 마시고/중략/술래 되어 등 뒤에 선머슴 같이/짓궂게 반웃음 짓고 있다'

한 시인의 시집 한 권은 시인의 분신이며 시인의 역사이다. 한 권 분량의 시 편편이 담아내고 있는 시인의 감성의 세계는 어느 누구도 대신할 수 없는 독창적 음성이 들린다. 때로는 처절하게, 때로는 감미롭게, 때로는 분노의 화신으로 변모하게 되는데 장정자 시인의 시집의 육성은 봄날 화창한 뜰을 휘감고 스쳐가는 감미로운 바람결 같다. 겨울의 춥고 고독한 외롭고 쓸쓸한 날을 딛고 일어선 옷맵시 단정한 여인의 목덜미에 이는 스카프의 나풀거림 같은 고결한 울림소리를 듣게 된다. 무엇보다 늦깎이의 시력詩歷이 일구어낸 단단한 수확의 결실에 고마움의 박수를 드리지 않을 수 없다. 한 편의 한 편의 시 모두 산고의 통증으로 생산되어진 결과물이기 때문이다. 이제 더 빛나는 언어로 시의 영역을 넓혀갈 시인의 내일을 기대하며 이만 글을 줄인다.

해에게 물어보았다